N° 24
...neaux et aux Brebis de Jésus...

Drôme
n° 66
18...

Le Repos de Dieu

et le chemin pour l'Atteindre

par J. N. D.

J.-R. MAZEIRAC, à LIVRON (Drôme)

—

1924

Le repos de Dieu
et le chemin pour l'atteindre

Hébreux, IV

C'est une chose bénie, chers frères et sœurs, mais c'est aussi une chose terrible — terrible pour la chair — d'avoir à faire à Dieu. Il n'y a rien que nous oubliions si facilement. En présence de chaque circonstance, à tout moment de nos journées, à chaque minute de nos vies, c'est à Dieu que nous avons à faire. Le cœur naturel cherche toujours à nous éloigner de la présence de Dieu et alors, comme des enfants désobéissants, nous craignons la pensée même de cette présence.

Les personnes qui cherchent toujours les causes secondaires des faits les concernant sont conduites, par cette habitude fâcheuse, dans une pratique infidélité. Ce même danger menace les chrétiens ; se reposer sur les circonstances, c'est perdre pratiquement le sens d'avoir à faire à Dieu. Or si c'est la joie que nous cherchons, où trouverons-nous la bénédiction que rien ne peut voiler ? où si ce n'est « en ayant à faire à Dieu ? » Dieu est non seulement la source, mais il est lui-même la bénédiction. Il existe bien entendu des bénédictions que Dieu distribue à ses enfants, tout le long de la route, bénédictions dont jouissent même ceux qui ne sont pas à Christ ; mais c'est le fait *d'avoir à faire à Dieu* qui est la bénédiction, la source de notre force et toute notre joie. Dès que nous arrivons à la connaissance de Dieu, nous apprenons qu'Il est *Amour* et que toutes choses viennent de Lui. Il n'est nullement question de savoir ce que nous apportent les circonstances, nous les interprétons toutes par son Amour. Je puis être appelé à traverser la douleur ou la tristesse, mais ces épreuves viennent à moi comme l'expression de Son amour, parce qu'elles viennent de

Dieu ; au travers de mes circonstances, je regarde à Lui. Là où Dieu est peu connu, il y aura des murmures contre les circonstances parce que la confiance en Son amour manque ; là le sentiment d'avoir à faire à Dieu causera plus de crainte que de joie.

Le fait de nous arrêter à nos circonstances pour considérer seulement nos propres sentiments, notre seule opinion à leur égard, montre nettement que nos âmes ne sont pas en communion avec Dieu comme elles devraient l'être. Nous n'avons pas à être occupés de nos circonstances en elles-mêmes, mais uniquement de ce que Dieu se propose par elles. Nos consciences doivent être exercées à ce sujet, car nos consciences ont à faire à Dieu et nous n'ignorons pas que ce qui est dans nos cœurs est « nu et découvert » pour Lui.

Avant même que nous en soyons conscients, Dieu voit ce qui pourrait diminuer ou empêcher notre communion avec Lui. Il dirige nos circonstances pour nous éclairer sur nous-mêmes et ôter l'obstacle de nos cœurs. La circonstance ne crée pas le mal, elle le provoque ; elle agit sur le mal qu'elle trouve dans mon cœur, elle met en évidence qu'une chose s'interpose entre Dieu et moi. Dieu discerne les pensées et les intentions de nos cœurs ; parce qu'Il nous aime, Il ne peut laisser dans nos cœurs quelque chose qui diminuerait notre attachement au Seigneur, qui amoindrirait notre confiance en Dieu, Il veut que nous jouissions de la plénitude de notre bénédiction.

Le cœur de l'homme cherche le repos ; il le cherche ici-bas, mais le repos n'est pas là. Il est écrit : « Il reste un repos pour le peuple de Dieu » ; expérimenter qu'il n'y a pas de repos ici-bas est plein de bénédiction et plein de tristesse, plein de tristesse pour la chair (parce que, cherchant le repos ici-bas, elle doit être continuellement désappointée) ; mais plein de bénédiction pour l'esprit parce que l'esprit, étant né de Dieu, ne peut goûter que le propre repos de Dieu. L'enfant de Dieu ne peut se reposer que là ; il ne peut mettre sa confiance ni dans des circonstances heureuses, ni dans sa situation parce que le péché est en tout et Dieu veut nous avoir en repos dans *Son propre repos.*

Dieu ne peut se reposer en perfection, en sainteté, qu'en Lui-même, en Jésus. Parce qu'Il est amour, et parce que de Lui dépendent toutes choses, Dieu veut nous introduire dans ses propres délices. Que votre âme connaisse ce qu'est ce repos, que votre cœur s'arrête une fois pour en jouir, et vous ne serez plus capable de trouver du repos ailleurs. Il y a, bien sûr, des joies le long de la route, mais dès que vous vous reposez en elles, elles deviennent pour vous comme du poison, elles sont les cailles du désert. Si nos yeux se détournent du repos de Dieu, notre cœur cherche le repos ici-bas ; chaque fois que nous nous attachons à une chose sur laquelle nous pensons pouvoir nous appuyer nous trouvons en elle une nouvelle source de conflits, de troubles, d'exercices, de peines de cœur. Dieu nous aime trop pour nous laisser trouver du repos ici-bas, où tout est mal ; quand nous essayons de le faire, Dieu envoie quelque événement pour troubler nos plans, quelque circonstance pour nous faire découvrir l'état de nos cœurs, en contrecarrant nos volontés. Ces circonstances ne nous troubleraient pas, si elles ne trouvaient pas en nous quelque chose qui soit contraire à Dieu ; elles devraient seulement nous frôler comme le vent. Dieu détruit tout ce qui essaie d'interrompre notre communion avec Lui, tout ce qui pourrait nous empêcher de chercher le repos uniquement en Lui ; de sorte que toute sa discipline n'est que l'exercice de son amour. Si Dieu détruit notre repos ici-bas, c'est uniquement pour nous introduire dans son propre repos.

Le Saint Esprit ne peut se reposer en quoique ce soit ici-bas, pas même dans l' « église » telle qu'elle est actuellement. Il devrait perdre son amour de la sainteté pour le faire. Jamais Dieu ne trouvera de repos en quelque chose de terrestre avant que tout soit parfait sur la terre. « Car celui qui est entré dans son repos, lui aussi s'est reposé de ses œuvres, comme Dieu s'est reposé des siennes propres » (ɏ 10). Il n'est pas question ici de la justification, tout ceci est réglé ; dans ce domaine le repos se trouve pour toujours à la fois en Dieu et en nous. Par l'obéissance de Christ plusieurs sont justifiés et par « une seule offrande il a rendu parfaits à perpétuité ceux qui sont sanctifiés ». En ce qui concerne la justification, le croyant en a fini avec ses propres œuvres.

Mais la question traitée ici, concerne ceux qui sont justifiés, ceux que Dieu a amenés au sein de sa propre famille, ceux qu'Il veut introduire, comme Ses enfants, dans la jouissance de Sa propre bénédiction, Sa joie, Son repos. Il est impossible à des parents qui aiment leurs enfants de ne pas désirer jouir d'eux, de ne pas aimer leur présence : « Si donc vous, qui êtes méchants, vous savez donner à vos enfants des choses bonnes, combien plus votre Père qui est dans les cieux donnera-t-il de bonnes choses à ceux qui les lui demandent ! » (Matthieu, VII, 11). Dieu désire nous introduire dans sa propre joie ; Il nous a faits participants de la nature divine, afin de nous rendre capables de goûter cette joie. L'amour de Dieu ne peut être satisfait tant qu'il existe en nous quelque chose nous empêchant de jouir de Lui.

L'écrivain montre dans ce chapitre que les Juifs n'étaient pas entrés dans le repos. Bien que les croyants pénètrent « dans le repos », il n'y avait nul besoin de dire aux chrétiens hébreux plus qu'il ne nous est dit à nous-mêmes (c'est-à-dire que les Juifs n'étaient pas entrés dans le repos), car ils avaient besoin de patience à cause de leurs afflictions et des persécutions. Nous aussi nous avons besoin de patience dans nos épreuves, dans nos conflits. Les deux exhortations données par l'auteur de l'épître ne sont nulle-

ment en rapport avec un état de repos :
« Craignons donc et travaillons ». Si
la justification était en question ici, ce
serait « ne craignons pas, ne travaillons pas, car Christ a tout accompli
pour nous ». Mais cette crainte et ce
travail dont il est parlé, commencent
quand la question de la justification
a été réglée pour toujours, quand nous
sommes rachetés, hors d'Egypte, tra-
versant le désert. Parce que nous avons
pleine confiance en l'amour de Dieu,
nous craignons toute chose, toute œu-
vre de la chair qui pourrait s'interposer entre Dieu et nous. La bénédiction nous est assurée, mais c'est par
des exhortations comme celles-ci : craignons, travaillons, que Dieu nous
garde dans le droit chemin. Il nous
avertit afin que nous exercions le sens
de notre responsabilité envers Lui pen-
dant notre voyage vers le repos. C'est
par la foi que nous sommes gardés et
l'apôtre Paul dit « si par quelque
moyen je peux atteindre... », non
parce qu'il n'a pas la certitude de la

fin, mais parce qu'il voyait les difficultés de la route et craignait grandement tout ce qui risquait de l'arrêter un instant dans sa course. Dès que nous avons de l'indulgence pour la chair, celle-ci veut nous faire suivre le chemin large dont nous connaissons l'aboutissant, mais nous savons que la grâce nous préservera d'une telle fin en tant que saint. *C'est la crainte dont parle Hébreux IV qui met en évidence les saints au cœur vrai.* L'inconverti ne craint pas Satan, mais, à moins d'être complètement endurci, il craint Dieu. Le saint ne craint pas Dieu de cette manière mais il redoute Satan. Jésus dit de ses brebis, qu'elles fuient l'étranger dont elles ne connaissent pas la voix. Les brebis craignent tout sauf leur berger, mais elles redoutent par-dessus tout le loup. Si quelqu'un leur disait « la fin est assurée qu'importe le reste », les brebis connaîtraient que ce n'est pas là, la voix du vrai Berger. Oh ! dit le croyant, il ne *me suffit pas* de savoir que je serai bientôt avec Dieu. *Je le connais maintenant*, je désire jouir de sa présence *maintenant* et je redoute tout ce qui pourrait s'interposer entre Lui et moi, je crains toute pensée qui pourrait empêcher mon œil d'être simple devant Dieu.

Quand l'œil est simple, le corps entier est rempli de lumière ; la conséquence est celle-ci : tout ce qui est mal est découvert, tout obstacle à nos affectons est ramené à Dieu. Nous n'avons pas à craindre et à travailler d'après quelque incertitude au sujet de l'amour de Dieu, mais nous devons avancer avec la certitude que nous traversons. le désert. Nous ne craignons jamais la présence de Dieu, mais nous tremblons à la pensée d'oublier l'existence de Satan.

L'enfant de Dieu sait que cette terre est sèche, altérée et qu'il n'y a pas d'eau, mais amenez-le dans la présence de Dieu, et son âme sera satisfaite, abreuvée à la rivière de Son plaisir. La rédemption nous introduit dans le désert et là, si nous n'avons pas Dieu, nous n'avons *rien*. Dès que nous perdons de vue le regard et les mains de Dieu, il ne nous reste que notre propre folie avec les sables du désert autour de nous. Mais aussitôt que nos yeux sont fixés sur Dieu, et que nos âmes se reposent sur Lui, le *chemin*, aussi bien que la fin, sont dans nos cœurs et ils deviennent des canaux de communication avec Lui. Béni est l'homme dont le cœur duquel sont les voies de Dieu aussi bien que la fin !

Toutes choses nous prouvent qu'il n'y a pas de repos ici ; craindre à cause de la chair et à cause de Satan n'est pas le repos ; travailler n'est pas le repos ; c'est la diligence et l'activité de l'âme dans son propre domaine. Nous devons connaître quel est notre propre service, notre sphère particulière d'action et de travail ; « il y a bien de la nourriture dans le sillon du pauvre ! » Les hommes de ce monde ont leurs propres ambitions ; nous, nous avons un autel dont ceux qui servent le tabernacle n'approchent pas.

Nous avons une sphère d'action, dans laquelle la vie divine qui nous est donnée, peut exercer ses propres facultés et trouver ses propres ressources. L'église a ses propres joies, ses intérêts particuliers. ses trésors à elle, sa sphère de vie, son propre champ pour ses affections ; en résumé, son monde propre, dans lequel il y a du fruit pour Dieu. Avez-vous cette portion ? Est-ce le délice de votre âme de puiser dans les richesses de Christ le bien qui est en Dieu ? Tout ce que je me suis approprié jusqu'à ce jour des richesses de Christ, n'est qu'un moyen pour atteindre à ses richesses qui sont insondables. Rechercher les richesses de Christ est le travail saint qui nous garde dans le sens vivant de ce qui est nôtre en Lui, et par suite, nous fait considérer comme indignes toutes les richesses que peut donner le monde. Avoir les yeux fixés sur Christ nous rend capables de résister à la tentation et au péché ; ce n'est pas en songeant aux objets qui nous tentent que nous puiserons la force nécessaire pour combattre ; ce n'est pas en laissant nos pensées demeurer sur l'objet désiré que nous obtiendrons la victoire ; mais notre privilège est d'être occupés de Christ et de triompher par Lui. Notre liberté consiste en ceci : n'être pas plus longtemps assujettis au péché, servir Dieu sans être arrêtés par les empêchements de la chair.

Je n'ai pas besoin de liberté pour la chair, je n'en ai besoin que pour le nouvel homme afin de faire la volonté de mon Père. Parler de crainte et de travail ne paraît pas être un privilège, c'en est pourtant un en réalité ; et parce que nous manquons dans ces choses, c'est aussi un privilège béni de savoir que Dieu sonde les cœurs et traite avec nos consciences, dans toutes les choses pour lesquelles nous avons à faire à Lui. N'est-ce pas un réconfort pour quiconque aime la sainteté, de savoir que Dieu va venir balayer la maison jusqu'à ce que plus rien n'offense Ses yeux ? Nous pourrons alors marcher dans la lumière. Dieu nous montre le mal par Sa parole, c'est l'usage qu'en fait l'Esprit en Sa présence et quand il nous a fait découvrir ce qui en nous est répréhensible, nous parle-t-il en jugement ? Non ; Il dit « il y a quelque chose qui n'est pas en accord avec *Mon Amour*, quelque chose qui ne satisfait pas *Mon Amour* ». Dieu veut que nous voyions ce qui est un obstacle à Son amour et lorsque nous négligeons de nous juger nous-mêmes par Sa parole, Il agit avec nous en discipline.

Peut-être voulons-nous trouver le repos ici-bas ; alors Dien intervient, nous arrache de nouveau aux affections de cette terre, à moins qu'Il juge nécessaire de nous abandonner un moment à nous-mêmes pour que nos consciences soient réveillées par quelque chute. Les circonstances peuvent paraître bien éprouvantes et nous rendre perplexes ; si, au travers de ces circonstances, nous reconnaissons la présence de Dieu, tout est paix bien que ce ne soit pas le repos. Ce n'est pas le repos qui doit être cherché, apprécié ; il ne se trouve pas ici. *Sa sainteté ne nous laissera pas reposer là où il y a le péché !* Son amour ne nous laissera pas reposer là où il y a de la tristesse. Que Dieu soit béni ! Il reste un repos pour nous et quelle joie, quelle sainteté nous trouverons dans le repos de Dieu ! Dans ce repos il n'y a ni péché, ni tristesse, ni trouble, il y a Dieu lui-même et nous nous reposerons en Lui. La splendeur de sa présence dissipera tout nuage. Si vous connaissiez seulement, bien-aimés, un peu plus de Son amour, un peu plus de son propos d'amour envers vous, vous diriez toujours « O mon Dieu agis, choisis, reprends-moi, pour que je puisse avoir pleine communion avec Ton amour ».

Ne soyez pas satisfaits bien-aimés, de petites mesures, de petites jouissances, allez de l'avant, regardez droit à Christ, car Lui, Lui-même, est toute votre joie et tout votre repos.

J. N. D.

AUX AGNEAUX
ET AUX BREBIS DE JÉSUS

Se trouvent chez M. Gabriel BLANC,

rue Saunière, Valence

DUCROS & LOMBARD, VALENCE